Unverkäufliches
Leseexemplar
mit freundlicher Empfehlung
QUELL VERLAG STUTTGART

D1931125

Ewald Stark · Erhart Kästner

# Das Heilige war es, das mich ergriff

# DAS HEILIGE WAR ES DAS MICH ERGRIFF

## EIN GRIECHENLAND-BUCH

FOTOS VON EWALD STARK

TEXTE VON ERHART KÄSTNER

QUELL VERLAG STUTTGART

Für Suse, Marc und Chris

ISBN 3-7918-2397-3

© Quell Verlag Stuttgart 1985
Printed in Germany
Alle Rechte vorbehalten
1. Auflage 1985
Der Abdruck der Texte von Erhart Kästner erfolgt mit freundlicher Genehmigung des Insel Verlag Frankfurt am Main
Gesamtkonzeption: Ewald Stark
Umschlaggestaltung und Typografie:
Heinz Simon, Quell Verlag
Reproduktion:
Reprotechnik Herzog,
Hans Herzog,
Stuttgart-Stammheim
Satz: Quell Verlag Stuttgart
Druck: SVA, Ludwigsburg

## Das Land der Griechen, mit den Sinnen gesucht

Das Land der Griechen – wie heißt es so klassisch? – mit der Seele zu suchen, verzückt kulturbewußt, in idealischer Betrachtung hingegeben an die Welt der Alten: ein schöner Vorsatz, Schwärmerei, was wäre je daran reell gewesen? Auch Goethe, der Italienreisende, hat seinen Fuß auf griechisches Gestade nie gesetzt. Und die Touristen von heute – suchen das Land der Griechen bloß mit dem Leib, surfend, segelnd, retsinasaufend, selbst den Sirtaki tanzen sie mit, ohne Seele. Leiber, von nichts gelockt als von der Sonne.
Es gibt einen, der hat das Dritte realisiert, der hat Griechenland nicht allein mit der Seele gesucht und nicht allein mit dem Leib, sondern mit allen Sinnen. Ein von Griechenland Ergriffener: Erhart Kästner. Ein deutscher Wehrmachtssoldat, fiebernd vor Daseinstrunkenheit im umzirkenden Blau der Ägäis; ein deutscher Kommißkopf (Gerhart Hauptmanns Sekretär zuvor), erwachend als Dithyrambiker hellenischen Lebens. Wenn das je einem gelang, die Entfernung von der Truppe, sich abzusetzen von der nazideutschen Propagandakompanie, dann ihm, diesem Einsamkeits-Süchtigen, diesem gestiefelten Bukoliker mit Rucksack und Zelt, diesem nomadisierenden Verherrlicher griechischer Ländlichkeit. Weiße Straßen, heilige Wälder, blaulodernde Fernen: keine Ägäisinsel, die er nicht durchwandert, kein Berg, den er nicht erstiegen, kein Kloster, bei dessen Mönchen er nicht angeklopft hat. Stunden um Stunden lief er dahin, im Silbergeglitzer der Ölbaumhaine, auf roten Wegen, überschimmert vom seidigen Mattgrün der im Frühwind flirrenden Zweige: »Es heißt, daß der Ölbaum nicht mehr gedeiht, wenn er sieben Meilen vom Meere weg steht. Er kann nicht sein ohne den Anhauch des Meers ... Ich fühlte eine unsagbare Neigung zu diesem Baum, diesem Sonnengeschöpf. Mich ergriff eine Art von seligem Rausch, während sich tausend und abertausend Stämme im Schreiten an mir vorüberdrehten ... Wo Ölbäume sind, ist die Landschaft heilig. Seine lautlose Andacht macht fromm. Athenes Augen hatten seine Farbe: meergrün. Die Seele des Landes ist dieser Baum.«
Kästners Tagebuchnotizen, seine vagantischen Skizzenbücher »Ölberge, Weinberge«, »Kreta«, »Die Stundentrommel vom heiligen Berg Athos«, »Griechische Inseln«) – die liest, wer Griechenland kennt und liebt, mit heftigster Empfindung, ja, mit Gier! Wie dieser Mann Landschaft hat anschauen können, wie beseligt, jauchzend beinah in aller Kontemplation! Was für ihn einzig zählte, war Er-Lebtes, das Dingliche, die Konkretion auch der geistigen, sinnlichen Existenz: »Es sollte wohl immer«, notierte er sich, »etwas im Spiel sein, das zwingt, einen intimen Verkehr mit den Dingen zu haben. Dinglich sein.« Wer die Nähe zur Dingwelt nicht sucht, droht unzuständig zu werden: weltlos, belanglos.
Kästner hat Griechenland »dingfest« gemacht in tausend sensuellen Abenteuern, nicht in Bildungserlebnissen aus klassischer, hellenistischer, byzantinischer Zeit, sondern unmittelbar, als Marschierer in einer Landschaft, welche aufschrillt allmittags im göttlichen Lärm der Zikaden: »Ich lief über die einsamen hellheißen Fluren Griechenlands und war umtost von ihrem Geschrill. Es gellt so stark, daß es schmerzt. Man weiß nicht, woher der Ton kommt, er ist zu hoch und zu schwirr, als daß der Sinn die Richtung meldete, aus der die Wellen dringen. Sie sind wie Ohrenbrausen mittäglicher Fiebergluten der Erde. Sie sind das göttliche Außersichsein der Landschaft im Sommerrausche, im Rausche des Mittagslichts.«
O Lust am Griechischen: dieses Buch, mit Erhart Kästners schönen Texten, ist prallvoll davon – und sein Abglanz leuchtet, wie dem Gesichtssinn zur ästhetischen Beglaubigung, auch aus Ewald Starks gesittigt dionysischen Fotografien: Lust erregend, erregt vom griechischen Sein.

*Ruprecht Skasa-Weiß*

Ich trat herzu. Es war eine jener Minuten, um derentwillen man wandert und sucht und wohl überhaupt lebt.

Griechenland, dieses Meer, dieses Licht, diese Pracht . . .

Wenn man hier ist, hat man keine Sehnsucht anderswohin. Man ist in der Mitte der Welt. Es gibt wenig Plätze, die so eine Heimatkraft haben.

Aber so ist es ja immer. Immer muß erst der Dichter kommen und sehen; wirklich sind nur die bedichteten Dinge.

Ist so etwas einmal gesehen, dann kann, muß es Jedermann sehen.
Glücklich alsdann die Dichter, deren Namen man über dem, was sie sahen, vergißt. Ihr Ruhm ist vollkommen.

Also, wirklich sind nur die bedichteten Dinge. Daß man wirklich nennt, was der Nutzung dient, verlängert ja doch nur die Frage, was es sei, was uns eigentlich nützt. Ja, was nützt uns? Die Meinung Herrn Jedermanns darüber ist trübe, ebenso trüb, wie es der Aberglaube der Wissenschaft ist: wirklich sei, was man messen, beweisen oder dessen Geschichte man aufzeigen kann. Tanz der Gespenster mit uns und untereinander; nichts als ein Strohwisch-Umarmen. Wirklich ist, was überwältigt, nötigt, bedrängt.

Es ist wirklich nichts mit den geschwinden Reisen. Man muß den Dingen doch etwas Zeit geben, daß sie einem ans Herz wachsen können.
Es war doch auch etwas ganz anderes, da ich diesen griechischen Sommerglanz nun zum dritten Male erlebte. Ich sah alles viel besser, sah mehr und sah stärker, wie ich überhaupt erfuhr, daß sich Gefühle zu Dingen und Menschen nicht verbrauchen, wenn man sie hegt, sondern vermehren. Wohl gibt es die Liebe auf den ersten Blick, wohl den ersten Eindruck mit seiner Prägegewalt. Aber das ist nicht mehr als ein Befehl, wahrzunehmen, zu hegen und zu mehren. Auch Gefühle danken die Zeit.
Nun sah ich durch das Neue das Alte hindurch; beides erschien mir in einem Bilde vereint, ich hatte doppelte Ernten. Ich sah alles viel besser, ich hatte mehr Kenntnis von Gewächs und Getier, ich lernte die Sprache, ich konnte das Ausnahmsweise erkennen. So hatte ich Wissen, wodurch sich das Empfinden erhöht. Ich hatte ein erfahrenes Gefühl. Das fortschreitende Leben schenkt keine matteren Eindrücke, wie man irrtümlich glaubt, sondern stärkere.

Nichts wird vergeblich verehrt. Dies Land hat das Leuchten, wie Bildnisse längst verstorbener Ahnen von innen zu leuchten beginnen, weil sie vom liebenden Anschaun gesättigt sind und wohl auch, weil sie es hinter sich haben. Hinter sich haben und in einem Triumphe verweilen.

Nie und nimmer war dieses Land, eh es die Griechen bewohnten, so schön. Ein besungener Berg ist für Zeit und Ewigkeit schöner als einer, den niemand besang, und ein bedichtetes Tal und ein Fluß wird für immer aufglänzen, so wie ein geliebter Mensch schöner ist als ein ungeliebter sein kann.

Diese Farben hätte ich früher niemals im Süden erwartet. Ich glaubte immer, sie müßten dort satter und stärker sein in heftiger Pracht. Aber sieh, sie sind seliger, leichter, mit Licht gemischt, wie vom Regenbogen selber entlehnt, vom Himmel und nicht von der Erde. Sie sind helleren Klangs, wie oberer Diskant, Flöten- und Harfenmusik, von weither geweht. Sie sind wie silbriger Atem, von Genien gehaucht. Sie zwingen mit leiser Gewalt.

An einem Spätnachmittag stieg ich auf einen Gipfel des Prophetenberges. Ich lief die Waldstraße entlang. An einer Kehre verließ ich sie und lief ohne Pfad, über Felsen, durch Gestrüpp und Dornen zur Spitze hinauf. Zwischen Steinen blühte weißes Blumengebüsch. Der Wind trug mir einen Duft davon zu und ich sah, daß es Origanum war, Majoran, der mich an Mykenai erinnerte. Nie werde ich im Leben Majoran riechen, ohne in Mykenai zu sein, so wie mir Asphodelos und Tiryns zusammengehört und Anemonen und die Olivenhaine in Attika oder auf Kreta und blühende Granatapfelbäume und Rhodos. Ich freute mich, wie sich mir in Griechenland nun alles verwob: die Teppichfäden verschwanden und mit einem Mal waren sie wiederum da.
Die Welt lag im Abendgold, als ich auf den kleinen Gipfel gelangt war. Der Atabyros lag im grüngoldenen Duft, wie eine Frucht. Als hätte der große denkende Berg eine Aura von Weisheit um sich, so lag eine Folie von Silber um seine klare Kontur: ein mitlaufender Streif, wie von einem Pinsel gezogen, der in Silber getaucht war.

Das Meer zog sich blauhauchend aus sich selber empor. Die näheren Inseln trieben sich scharenweise darauf umher, zwei größere mit einem Dutzend kleinerer Brut. Sie hoben sich als duftende Hügel aus dem Hellblau empor und waren vom zärtlichsten Violett.
Am Gegenufer tat sich das anatolische Bergland auf. Zu beiden Seiten der Schwammfischerinsel Symi gab sich das türkische Festland in zwei Vorgebirgsarmen aus; es entstand eine Bucht, deren Ende nicht abzusehen war. In immer lichter gestuftem Blau einzelner Bergzüge hintereinander war sie wie der Einlaß in ein Verheißungsreich: voller Magie.
Das Blau des Meers war von Gold und Rot überstäubt. Es war ein Abend in Glorie.
Gebe Gott, daß ich nie die Farben vergesse! lichteste Farben, vom Jenseits geholt! hingestrichen mit Silberfittichen, die kindliche Genien zum Malen benutzten, getaucht in himmlische Farbentöpfe! mit silbernen Kellen geschöpft, auf Silberpaletten gemischt und zubereitet mit flüssigem Licht! auf Himmelsfolie gemalt.

Es war gegen Abend, aber die Sonne war noch voll Kraft und die Ströme von Licht, tagsüber in den Himmel versandt, waren noch da als Echo im großen Gewölb. Die Welt war vollgesogen mit Licht, auch die Felsen waren trunken davon.
Die Vorstellung, daß jemand ein ganzes Jahr in einem so gepriesenen Lande gewesen sei und dann doch noch so aussah wie vorher, beschäftigte mich. Er mußte doch gänzlich verwandelt sein, da doch sein Inneres behangen sein mußte mit Bildern südlicher Pracht und sein Ohr erfüllt von der tönendsten Sprache.
Nun hat mich mein Stern nach dem Süden geführt und ich hatte das dritte Jahr unter griechischer Sonne vollendet. Und wenn ichs bedachte, so mußte ich wohl bekennen, daß ich ein Verwandelter war, berauscht von so viel Bechern randvoll getrunkenen Lichts.

Ich fiel in die Hoheit des meereinsamen Heiligtums hinein wie in ausgebreitete Arme. Das Heilige war es, das mich ergriff, über alle Abendschönheit hinaus. Das Heilige ist es allein, was an einem Tempelorte gefühlt werden darf, nicht Wissensdurst, nicht Geschichte. Auch Kunst nicht, wenn sie von jenem nichts weiß.

In allem, was kommt und was geht und der Trauer nicht wert ist, ist es das Heilige und die Kunst, was zu überleben vermag. Die Kunst, die ja Frömmigkeit ist, schafft den Zeiten eine Erinnerung, wenn sie seltsamer Weise auch in ihrer eigenen Zeit oft nur wie am Rande entsteht.

Wenn aber selbst Kunst verdarb und Tempel zerfielen, bleibt das Heilige noch eine Weile am Ort, wie ein Wölkchen, das sich von einem Gipfel nicht löst. Wo einmal göttliche Kraft vom Himmel herabgefleht wurde – denn herabgefleht, herniedergebetet, herzugeopfert wird sie! – da bleibt sie für lange haftend bestehen.

Zur Heilung des Mißverständnisses, als hätten unsere Olympiaden irgend etwas mit den antiken zu tun, muß man bedenken, daß keines Siegers Standbild seine eigenen Züge aufweisen durfte. Erst wenn ein Kämpfer in drei Spieljahren siegte, was so selten vorgekommen sein mag wie bei uns, war ein ähnliches Bildnis erlaubt, denn jetzt war es sicher: der Gott liebte ihn. Vordem hatte er sich seiner nur als irgendeines Namenlosen bedient. Also, wo ist dann der menschliche Stolz der Antike? Falsch ist jede Berufung auf ihn. Man denkt: Selbstbestimmung, und man findet: die Demut war ohne Grenzen. Man denkt: Weltglück der Heiden, und man findet: ohnegleichen war die Bereitschaft, das Eigene zu löschen und das Göttliche im Persönlichen walten zu lassen, im Leiden, im Sieg.

Hingegen ruft der olympische Glaube, man könne durch Leibesschönheit und tüchtigen Adel näher zu den Göttern gelangen, in uns die Schwermut hervor, mit der man Verlorenes, Verscherztes bedenkt.

Das waren Zeiten, in denen die Lust der Schöpfung noch empfundener war. Wer sich der Schönheit zuwandte, hatte nicht das Empfinden, Gott abgewendet zu sein. Der Entzückte war vom Atem der Götter gestreift. Dabei ist es der Gedanke der Ebenbildlichkeit, welcher gewiß der Knospenpunkt ist, wie im Schöpfungsbericht. Weil der Mensch Gottes Ebenbild ist, ist es gottgefällig, die Schönheit zu steigern, zu preisen, zu ehren. Man kämpft sich empor. Der Sieger, Liebling der Götter, ist ihnen näher gerückt. Wo ist denn der Vater, der seine Kinder nicht schön haben will? Strahlend vor Jugend und Kraft, so gefallen sie ihm und so eilen sie ihm an die Hand.

Immer erinnerte man sich gern der alten Geschichte, wie einmal ein olympischer Kämpfer während des Wettlaufs den Gürtel löste, um schneller laufen zu können. Er siegte. Seitdem kämpfte man nackt. Im Götterdienst also begann der Adel des Nackten.

Es ist jeder der König seines eigenen Leibes und Blutes. Derlei schafft nur die Freiheit, die Zeit und das Erbe. Der Wuchs der Ölbäume und Steineichen auf dem trockenen, heißen und steinigen Boden könnte die Vorlage sein für solche Gesichter: unter Mühen langsam gewachsen.

Wer darf sagen, er kenne sich so, daß er wüßte, warum dieses und jenes sein Inneres anrührt? Anderswo, anderswann einmal Empfundenes summt immer mit in leisen, tiefen und hohen Tönen, von selber wie die Saiten eines Klaviers, wenn eine Geige im Zimmer erklingt. Wir sehen nicht Bilder, sondern Bilder hinter Bildern, wie in einem Spiegelsaale. Oftmals vermag, was zunächst und Wirklichkeit ist, durchscheinend zu werden, und es ist dann nicht eines für sich, sondern vieles in einem und vermählt sich, verschmilzt, gebiert manches aus sich und ist kaum noch mit Namen zu nennen. Ein Mensch, den man sieht, erinnert in einer Bewegung an andere, der Klang einer Stimme an eine Geliebte oder Gehaßte, ein Herbsttag an Hoffnungen, ein Duft an Erfüllungen. Das Gestern ist heute. Immer baut eines ins andere hinein. Je länger man webt an dem Tuche, das Leben heißt, und seinen seltsamen Mustern, desto reicher werden die Verknüpfungen, desto voller die Harmonien. Man erlebt mit mehrenden Jahren in mehrender Fülle.

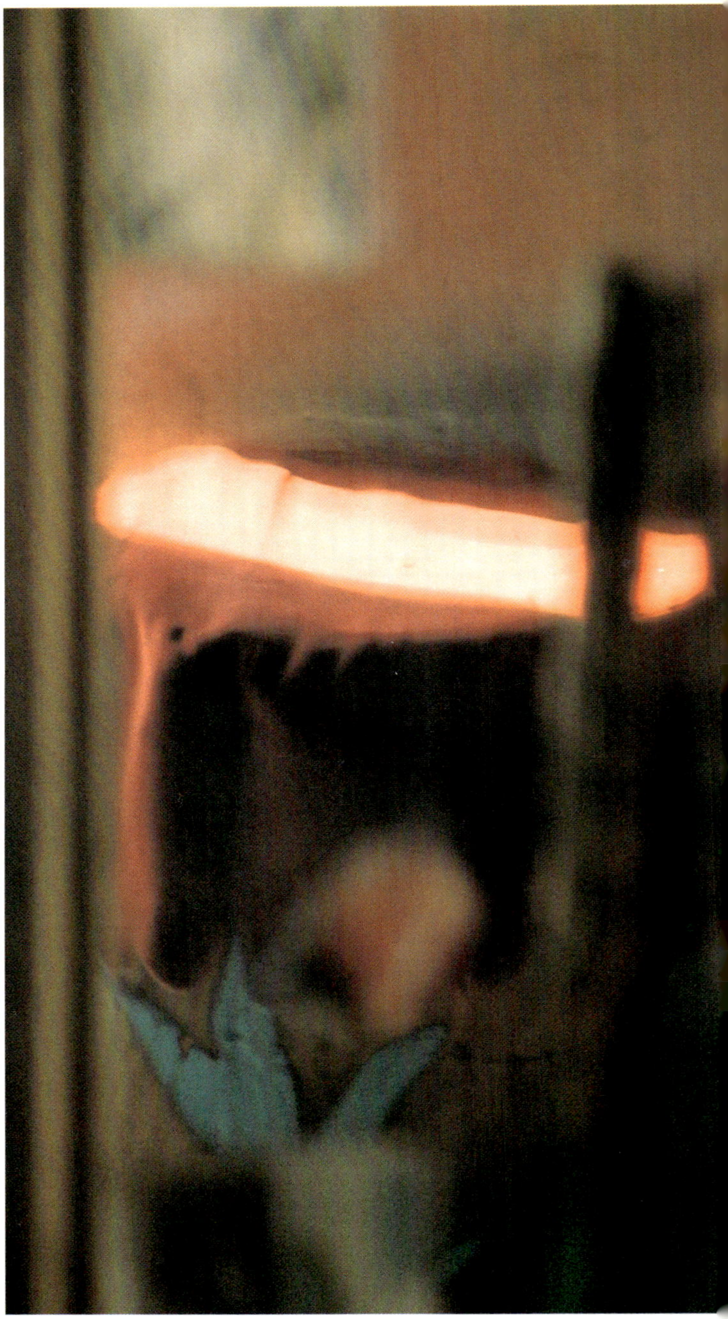

Was mir am frühesten auffiel, waren die Augen. Es sind große dunkle und zuweilen auch blaue Fackelaugen, die herrlich geschnitten sind und in denen ein Reichtum von Glanzkraft und stolzer Behauptung liegt und sicher viel Durst in Haß und Liebe. Man fühlt es sogleich im Bann dieser Augen, daß man in einem Land ist, in dem uralte Blutströme fließen und das gewalkt ist vom Mühl- und Stampfwerk der Zeiten. So freie Blicke in einem Land, auf dem soviel Unfreiheit lag! Römische, sarazenische, venetische, türkische, zweitausend Jahre lang!

Das Licht ist hier alles. Ein aufgegangener Fallschirm, und die kleine Insel hängt wie eine Luftfracht daran. Aber wenn man so eine Insel ausgehen will: Berge, Felsenwände ins Meer, Steinfluren, hundert Mauern aus granitenen Blöcken geschichtet, man muß übersteigen, aber aufpassen, daß sie nicht einfallen, und wenn man sie gegen das Licht und das Meer sieht, sind sie wie Spitze und Netzwerk. Kaum Wege. Man braucht Wochen, bis man so eine kleine Insel ganz ausging. Aber das ist mir ganz recht so. Das Flachland ist mir zu strategisch. Meine Sätze sind auch die von einem Gebirgler.

Diese Inseln: wie aus dem Meer ausgetrieben. Ganz dünnschalig waren sie heute. Ihre Zeit ist frühmorgens und gegen Abend, wenn das Licht im kleinen Winkel wie Rampenlicht einfällt, sie anhebt und sie bewundert. Wenn man gegen Attika, gegen Sunion fährt, können sie braun sein, wie irden. Dann ist man versucht, an sie wie an einen Tontopf zu klopfen, ob er auch Spannung habe und klinge.

Im Grunde war es das größte Erlebnis in diesem Land, daß die Dinge so sehr ihr Durchscheinendes zeigen. In diesem Licht erhielt jeder Baum, jeder ferne Fels, jede Flur eine höhere Wahrheit. Es war, als ob alles durchleuchtet sei bis in den Kern seines Seins, alle Zufälligkeit abfiele und jedes Ding sich steigere bis zum reinen Gedanken von ihm.

Dort oben stand ein Kapellchen, es blinkte zuckerweiß auf dem braungoldnen Berg, der von Sommergluten verbrannt war, so daß nichts Lebendiges mehr auf ihm wuchs. Das kleine Gotteshaus leuchtete weit übers Land, als wäre es überaus wichtig. Es zog mich mit seinem Schimmern jedesmal an, und ich stieg die Stunde hinauf, wo sonst niemand steigt in den ermattenden Hochsommertagen. Auch dies war ein Traumbild des griechischen Lichts, das alles erhöht und aus jedem Nichts ein Wunderwas macht. Jedesmal nahm ich mir vor, nicht überrascht zu sein, wie kärglich und arm es war, und jedesmal war ich's dann doch. Denn es war nur ein kleiner Gottesschuppen, so klein, daß ich mit der Hand ans Dach fassen konnte, und das Weiß des Gemäuers war gar nicht weiß, sondern schlecht, und drinnen war wie gewöhnlich nichts, höchstens ein Bauern-Ikon. Wie aber glänzte es über das Land!

Das Kapellchen war drinnen zu einem vollkommenen Ziegenstall ausgebaut. Niemanden hat das bekümmert, und die Gottesmutter, der es geweiht ist, wird's schon nicht übelnehmen: sie wird sich der Nacht und der Zeiten erinnern, wo ihr ein Stall zum heiligen Raum ward, so wie der heilige Raum hier zum Stall.

ΟΙ ΑΡΧΙΣΤΡΑΤΗΓΟΙ ΜΙΧΑΗΛ ΚΑΙ ΓΑΒΡΙΗΛ

Wie anders sie sind als die imperialen Gottespaläste. Aber wie anders auch im Vergleich zu den gotischen Domen, die einem gedachten Gotte hinaufgebaut sind, einem bewiesenen Gott der Gottesbeweise, einem Gott der durchästelten großen Systeme. Sieht man sie nicht, die Spitzfindigkeiten? Das ist der begriffene Gott der Thomas-Erscheinung. Wie die Begriffs-Tentakel sich strecken! Wie sie ans Unzulängliche langen mit Strebepfeilern und Rippen, mit vorgehebelten Zangen! Und wirklich, sie zwingen in Ekstasen des Denkens den gestirnten Kathedralenhimmel herab.
Wie anders auch sind sie im Vergleich zu den gelben Trompetenstößen eines Gottes, dessen Ruhm es gilt vorwärtszutragen gegen die Reihen der Ketzer, in barockem Getöse, im Geschmetter der Angrifftrompeten, eine Gläubigkeit, die propagiert werden kann. Wie ganz anders auch sind sie als die trockenen Betsäle der Reformation, die darauf bestehen, die Gleichgültigkeit des Ortes zu wahren, an dem man das Wort Gottes vernimmt. Das Wehen des Geists wo er will, das Namenlose der Abendmahlstube, das Anonyme von Emmaus, das Überallmögliche des Pfingsthauses, Damaskus, das an jeder Straßenecke erhofft werden kann: diese Irgendwos, das Nichtverortete, Nichtgeweihte soll wiederhergestellt werden.

Diese Kuppeln sehen nicht aus, als seien sie an den Himmel mit goldener Kette gehängt, wie man von der großen Hagia Sophia in Konstantinopel, der Kaiserkirche, gesagt hat: vielmehr scheint es, als seien sie aus der Tiefe dem Himmel entgegengetrieben. Wie Maulwürfe ihre Monumente aufstoßen, wölben sie sich aus der braunen Erde herauf.

Wenns möglich wäre, dachte ich, an das blaue Gewölb da droben mit dem Finger zu rühren: es müßte erklingen in hellem summenden Ton wie eine gläserne Schale.

Was ist es, was diese kleinen griechischen Kirchen als ihr Besonderes haben?
Das Sakramentale. Sie hüten das Sakramentale, das im Griechischen Mysterion heißt. Das Heilige, das in Israel heimatlos war, wandernd in einer Lade, hat in Hellas Wurzeln geschlagen. Hellas gab Erde dazu, wie beim Sakrament Gaben der Erde dabei sind: Wasser, Brot, Öl und Wein.

Zwar die Grundrisse sind ganz verschieden, doch das Stubenhafte stimmt überein. Das ist frühchristliche Sanftmut, die voll sprengender Übermacht ist. Das Gleichnis vom Senfkorn ist hier gebaut. Das Paradoxe von Knospenanmut und zellenstarker Gewalt ist baulich geworden. Das ist die Demut, die alles bezwang. Das ist des Lammes Architektur. Das ist gebaute Geduld.

Zwölf Stufen sind es, zwölf vornehme Schwestern, die sich die Hände reichen zum allmählichen Empor. Jede ist nur gering über die andere erhoben, und jede ist in sich eine Schräge, so wie auch die Mündung zuoberst nicht ein Ebenes ist, sondern ein letztes geneigtes Empfangen.

Ich sehe, daß es nicht das Üppige ist, das die schönste Schönheit zu spenden vermag, denn es festigt im Dasein, aber es enthebt nicht der Welt. Man hat nicht gehört, daß in Ländern der Fülle die Menschen Menschlichstes schufen. Wohl aber hier.

Als Kind habe ich mir, wie alle Kinder, das Paradies in Pracht und in Fülle gedacht. Da war alles schöner, größer und bunter als sonst, die Bäume grüner, die Äpfel dicker, die Blumen und die Schmetterlinge erstaunlich. Alles war quellend, saftig, gabenschüttend und schleudernd mit Farben. Seit ich hier bin, weiß ich, daß das Paradies nicht ohne selige Notdurft ist. Ich sehe, daß Spärliches himmlischer sein kann als Fülle und daß sich das Größte nicht ausdrückt in Chören, sondern im dünnen Gesang eines Kinds. Ich sehe, daß Felsiges, von Farbendüften behaucht, rührender sein kann als prangende Auen und daß Anemonen auf karger Flur herrlicher sind als Wundergärten.

Was soll mir dagegen Bauwerk, das keine andere Gesinnung zeigt als Herrschsucht und Prunksucht und kolossalen Geschmack? Schließlich, in diesem Lande zwei Jahre zu leben, ist nichts als eine Schule, das Echte zu spüren, das in kargem Gewande einherkommt, das Unscheinbare zu ehren, das eine heimliche Krone trägt und die Armut, die, seliger Schönheit voll, auffliegt in geflügelte Weiten und Höhen. In diesem Lande zwei Jahre zu leben, ist eine Schule der maßvollen Maße und der menschlichen Grenzen in allem Gelebten und allem Gebauten.

Warum lebt man nicht so? Zwei oder dreihundert Häuser, die den steilen Berg hinaufkrochen, immer eins über dem andern, herdenhaft dicht gedrängt, es sah aus, als seien sie alle einmal auf einer Wanderung zum Berge gewesen, da hätte es plötzlich Halt! gerufen, nun schauten sie um, wer da rief. Gassen, laubenüberrankt. Zwischen den Eisenstühlen des Kafenions lief eine Ziegenherde hindurch, die Gäste störte es nicht. Auf dem Marktplatz wimmelte es, sein Pflaster war von Melonen, Tomaten und Gurken bedeckt. Schneeweiße Schafwolle bei Händlern. Bergluft und viel ungewaschene, funkeläugige Kinder.

Ich war das letzte Bergstraßenstück zu Fuße gegangen, das Rad war voraus. Während ich nun durch die Gassen lief, schallte mir dutzendmal der aufmerkende Kinderruf entgegen: Bizykletta? Bizykletta! und eifrige Ärmchen wiesen zum Marktplatz, zur Agora.

Ich hatte Hunger. Deshalb fragte ich einen Buben, ob es hier wohl etwas zu essen gebe.

»Den katalaweno tin glossa sas.« Ich verstehe eure Sprache nicht, gab er mir höflich zur Antwort.

Ich sagte: »Aber warum, ich frage dich doch auf griechisch. Kannst du kein griechisch? Du sollst mir sagen, ob es hier irgendwo etwas zu essen gibt.«

Er nickte eifrig und, die Hand nach unten einschlagend, wie es dort üblich ist, bedeutete er mich, mit ihm zu kommen, das steile Gäßchen hinab.

»So rede doch«, sagte ich, immer auf griechisch, »bist du denn stumm?«

Ich hatte wirklich den Eindruck, als ob es bei ihm nicht ganz stimme.

»Nein«, sagte er endlich, stand still und dachte sehr nach: »aber verstehst du denn griechisch? Ich dachte, daß du ein Deutscher bist.«

Nun war das Nachsinnen an mir. In welch einen knotengeschürzten Gedankengang hatten sich da die Windungen des kleinen Gehirnes verfangen? Man kann viel denken und doch nicht genug.

Indessen kamen die Andern. Das Denkerkind führte uns zu einer offenen Garküche. Sie war halb auf der Straße und halb im gedeckten Raum. Auf einem wackligen Herd brannte ein Holzkohlenfeuer, ein Tisch war gedeckt mit einem Tuch, das nicht schwarz und nicht weiß war.

Ich fragte den Wirt, ob wir etwas bekommen könnten, und was.

»Alles!« sagte er mit armbreitender Geste. »Alles kannst du haben!«

»Was denn zum Beispiel?«

Er hatte nichts, nichts.

Aber das griechische Einmaleins ist mit dem der Hexen verwandt: aus zehn mach eins, aus keins mach zehn. Nach einigem Hin und Wider und einer halben Stunde Wartens – also sofort – kam ein dreigängiges Essen zu Stande, das herrlich war: Bohnen in Öl, von irgendwoher aus der Nachbarschaft, Eier, schwimmend in Öl und zum Schluß die große Erfindung: Sauerkirschen in Joghurt, denn Joghurt gab es auf der Gasse in großen Satten.

Vierzig bis fünfzig Kinder, die Erwachsenen waren im Hintergrund, drängten sich um den offenen Laden, während wir aßen, maßlos ergötzt am Schauspiel essender Fremder. Jeden Handgriff und jedes Ab- und Zugehen im Raum verfolgten die mitwandernden Köpfe, als würden sie alle an einem einzigen Faden gezogen. Der Wirt gab sich seiner Aufgabe mit gelassenem Eifer hin, als gehörten Gäste aus aller Welt in seinem Lokal zum Gewohnten. Er zeichnete uns mit dem Vorzug aus, jeden Teller und jede verbogene Gabel vor unseren Augen in fließendem Wasser zu waschen. Wir waren beruhigt.

Mit gleicher Sachlichkeit ging er zuweilen mit einem Napf voll Wasser, den er im Rücken hielt, auf die Gasse hinaus und goß ihn blitzschnell und ernst über die Kinder hin aus. Obgleich diesen Wasser nur dienlich sein konnte, entstoben sie jedesmal lautlos und schnell in Haustüren und Winkel. Nach zwei Minuten waren sie wie die Fliegen wiederum da.

Die Häuschen, die sich gegen den Berghang stemmten, schienen nach oben zu streben. Es war, wie es im Lied von Jerusalem heißt, eine hochgebaute Stadt.
Über die weißen Häuser ragte das berühmte tausendjährige Kloster. Es schien aus dem Felsen gehauen zu sein, fast fensterlos, steingrau, oben weißzinnengehöht. Die Mauern waren so steil wie ein vor Anstrengung hochgezogenes Gesicht, so voll Mühe. Mit allem von Menschen Gebautem, das ich in meinem Leben gesehen hatte, war es ohne Ähnlichkeit; vielleicht daß es mit tibetanischen Felsenklöstern vergleichbar war.

Hier auf dem Lande kommt man fast ohne Tisch aus; der Stuhl schafft das meiste.

Ja, diese hängenden Gärten hätt ich gerne, fürs Leben gerne bebaut. Wer nichts von der Gartenleidenschaft weiß, wird mein Schwärmen mit taubem Ohre vernehmen. Woran nichts Besonderes ist, da jede Leidenschaft eine geheime Sprache erzeugt, die nur die Ergriffnen verstehn, die Spieler, die Musiker, die Maler, die Liebenden so wie die Gärtner. So kommt es, daß wir übers Kreuz hin und her in hundert verschiedenen Geheimsprachen sprechen; wer aber ohne Leidenschaft spricht, spricht eine Sprache, die niemand versteht, die nur das Gespenst einer Sprache und keineswegs Mitteilung ist.

In diesen Terrassen zu graben, an die tausend Sommer noch ein paar neue zu hängen, ein paar Kettenglieder durch meine Hand gleiten zu lassen, das hielt ich der Mühe für wert. Hier hätte ich das Gefühl der Mitte gehabt; denn dieser Erdkreis hat Stellen, die das Mittelpunkthafte besitzen; andere Stellen hingegen, seien sie auch fruchtbar und üppig und schön, werdens nie schaffen. Hier war Mitte.

Ein Junge trabte barfuß vorbei, drei Schafe vor sich. Er blieb stehn, und da er mich einem Gespräch nicht abgeneigt sah, trug er mir die Summe seines Nachdenkens vor: das Schaf sei das Beste. Es gebe Milch, dadurch Käse, also zu trinken und essen; einmal im Jahr komme Wolle für Kleidung dazu und zu Ostern das Junge. Das Schaf sei das Beste. Auch mir waren diese Umstände bis dahin nicht verborgen geblieben, wiewohl ich nicht leugne, daß sie mir nunmehr in neuem Lichte erschienen. Dann verließ er mich wieder; er hatte alles gesagt.

Millionen großgesichtiger Margeriten, eine goldgelbe Art, überstirnten die dürftige Wiese zwischen Gestein. Man sah, Blumengesicht an Blumengesicht, fast nichts als sie. Der Gottesgeist dieses Hügels hatte sich offenbar diese Blumen erkoren zu Sinnbild und Schmuck und hatte sie in hellen Scharen herbeigerufen, als alles Gebaute in Trümmer zerfiel. Sie, die alljährlich Vergänglichen aber, die Zarten und Kleinen, sie hielten noch Stand und behaupteten sich. Jetzt in diesen kurzen Tagen des Frühlings feierten sie. Denn es schien der einzige Lebens-Sinn dieser goldprangenden Blumengeschöpfe zu sein, den Gott zu bekennen mit aller Kraft, nichts anderes als das. Solange der feurige Wagen über den Himmel fuhr vom Morgen zum Abend, wandten sie ihre geöffneten, anbetenden, hingerissenen Sonnengesichtchen ihm zu und hingen ihm an, mitwandernden Blicks: rührende, nachahmende Kindgeschöpfe des großen feurigen Runds, voll Hörigkeit und voller Bekenntnis.

Ölbäume, uralt gewundenen Stamms, in großartig ächzendem Kelterzwange der Erde den heiligen Saft zu entpressen, kleine daneben, wie Mädchen, noch unerfahren und jung. Wer Ölbäume pflanzt, hat selber kaum noch Gewinn. Der Vater pflanzt sie nur für den Sohn und der Enkel nach vielhundert Jahren dankt es – und weiß nicht mehr wem.

Ich lief zur Quelle hinauf durch die Gärten, dem rinnenden Wasser entlang. Sie war eine Stunde weit droben am Berg. Da sprangs aus dem Felsen, ein kraftvoller Sturz.
Ein paar Männer schafften am Bachbett. Sie legten sogleich die Schaufeln hin, wir setzten uns und führten ein Quellgespräch, eine Stunde des Tags unterm hohen Himmel. Wie gut. Wer nur kommt und sieht, der sieht nichts. Nur wer verweilt und sinnt und spricht, war an der Quelle.
Ich wagte es zögernd zu fragen, ob sie wüßten, was eine Nymphe sei. Nichts. Sie warfen verneinend die Köpfe zurück.
Ausgelöscht, ausgelöscht. Und alles noch da.

Oliven, Mandeln, Johannisbrot und unübersehbare, dunkelernste Haine von Orangen, Mandarinen, Zitronen. Aus diesen Gärten kommt der Orangensegen von Chios. Es blüht und fruchtet zugleich, ein süßbitterer Duft umkleidet die Insel im Frühjahr wie ein Gewölk aus heiterstem Musselin. Ankommenden Schiffen trägt der Wind Duftverheißungen zu.

Hier war Jonien wie einst, prangende Lust und Überschuß. Es war ein funkelnder, wundersüchtiger Stolz, derselbe, der einst die jonische Kunst beherrschte. Wenn Homer wirklich gelebt hat und wenn er, wie es heißt, auf Chios gelebt hat: so war dies seines Lebens Luft.

So waren die Gesichte Johannis also aus Sonnengluten geboren, nicht aus Nebel und Nacht! Aus Mittagsmagie! Aus diesem Meer sah er das Tier heraufkriechen mit sieben Häuptern, Hörnern und Kronen, sechsfach geflügelt, den Leib mit Augen bedeckt! Viele Bilder dieser Weltuntergangsdichtung waren ganz aus der Nähe genommen. Das gläserne Meer, Kristall, mit Feuer gemenget: das war in Abend und Morgen oft genug da. Erdbeben, Feuer vom Himmel, Inseln verschwinden, ein großer Berg fährt brennend ins Meer: das sind in diesem vulkanischen Teil der Aigais Ereignisse, die sich immer, auch jetzt noch, ereignen. Erinnerung ist in jedem Geschlecht. Heuschreckenschwärme? Ich hatte in diesem Sommer auf Rhodos genügend gesehen. Die Qual vom Skorpion, der den Menschen schlägt, Sterne vom Himmel zur Erde fallend wie der Feigenbaum seine Früchte abwirft im Sturm: lauter Bilder, die dort voller Gegenwart sind.

Doch woher die Angst? Sie ist seit damals nicht von den Menschen gewichen. Schon Johannes sagte: die Zeit ist sehr nahe. Und sah nicht Dürer die apokalyptischen Reiter in den Gewändern seiner eigenen Zeit? Und sehen nicht wir auch die Tage gekommen in denen wir die schreckliche Kelter des Zornes Gottes erfahren?

Woher die Angst, auf antiker Erde gerade, wo es eben noch, wenige Zeit zuvor, geglückt war, die Seele in Frieden zu halten? Wo die Götter sich vor das Gorgonenhaupt stellten?

Der Frieden war nun für lange dahin.

Es wäre noch zu berichten von einer Stunde, in der ich mit dem Abt und den Vätern von Patmos am langen Tisch saß und sprach. Es war Nachmittagszeit, und das Zimmer des Abts war von Helle und Hitze durchpfeilt. Durch die kleinen, tiefgelaibten Fenster wehte ein sonnenbeladener Wind ...

Das Gemach war ein bißchen unwohnlich und kahl, die wenigen Möbel von abgelegt europäischer Pracht. Ein Sofa von grünem Plüsch und Sessel, die abgedient waren. Über dem Ruhebett hing eine kreuzstichgestickte Stramin-Arbeit mit dem Zuruf Kalimera! Guten Morgen! Im erblindeten Spiegel steckten Fotografien. Es war, wie es in griechischen Behausungen oft ist. Von Liebe zum Hausrat war wenig zu spüren und nichts von der Liebe, die dann die Dinge erwidern. Es war, als sei man nicht eingerichtet für lange Zeit, nur wie zu flüchtig kurzem Verweilen. Es war, als wünsche man sich dem Irdischen nicht zu fest zu verknüpfen, wo wir uns törichterweise mit tausend güldenen Kettchen dem Dasein verbinden.

»Aber nicht nur das«, so hätte der Abt sagen können, wenn wir ein Gespräch dieser Art geführt hätten, was unnötig war, weil der ehrwürdige Mann, lebendiges Bild, selbst Antwort war auf so viele Fragen, »nicht nur, daß wir all diese Dinge für gleichgültig erachten und nach Besitz, Gewinn und Erfolg nicht jagen. All das bindet ans Leben. Es ist alles vermeidungswürdig, was den Anspruch des Lebens vermehrt. Es schafft Unruhe der Seele. Auf die Ruhe der Seele aber kommt alles an.«

»Doch dieselben Übel: Leidenschaft und Unruhe, erzeugt auch der Geist. Er erzeugt sie noch mehr! Wenn schon so einfache Dinge, wie es der Gelderwerb ist, die Seele in Unruhe bringen: wie hundertfältig größere Gefahren bringt erst der Geist! Um wieviel bedrohter muß ein Leben da sein! Da fängt erst die tiefe Unruhe an. Da ist die Qual, die das Unerreichbare schafft. Da ist Enttäuschung, da sind falsche Wege, Verzagen, verlorener Trost. Da endet der einfache Glauben.

Wer die Seele kostbar macht wie ein goldenes Gefäß, muß erfahren, daß sie auch verletzlicher wird. Wer sein Herz an das Zarteste hängt, wird es um so leichter verwunden; wer feinere Wünsche webt, wird schon von einem Windhauch bedroht. Wir aber wünschen nicht die Pendelschläge von Unglück und Glück und nicht das Steigen und Stürzen. Wir wünschen das Gleichmaß, die Ruhe. Wir leisten Verzicht auf Denken und ewiges Fragen. Auch auf die Kunst und ihre ängstliche Pein, auf Bücher, auf Philosophie.«

»Auch auf Philosophie?« wollte ich fragen. »Höchst seltsam! Hier auf dem Inselberg, den die Menschheit verehrt, hier wo die Offenbarung sich herbeiließ in goldenem Strahl, hier im Antlitz der Küste, wo die Philosophie dem Meer entstieg, hier verachtet man jetzt Philosophie aus Philosophie?«

»Ja«, sagte der Abt. »Denn es gibt keine neuen Gedanken, es gibt wirklich keine. Neu scheinen Wahrheiten nur zu sein, wenn nach einigem Schlaf sie Leidenschaft wieder durchströmt. Dann werden Ideen wieder geglaubt, dann scheinen die uralten neu, nie dagewesen und jung. Dann kommen sie auf den Markt. Dann verlassen sie das Haupt dessen, der sie gedacht hat, und entgleiten dem Kreis der Wenigen – aber alles Große, mein Freund, ist nur für die Wenigen gedacht. Dann wälzen sie sich im Staub. Dann kommen sie in die Hand der Täter. Die Täter aber sind immer eng und beschränkt. Dann wird, was rein war, mißverstanden und endlich mißbraucht. So ist es immer, denke an Christos oder an wen immer du willst. Es gibt keine Wahrheit für sich, es gibt nur geglaubte, gewollte, verkündete Wahrheit die also gepaart ist mit Leidenschaft.«

Auch weißes Glockengestühl war da; die metallenen Münder hingen frei überm Tal, über der Insel, dem Meer.
Da man so ganz im Weißblendenden stand, schien auch die Ferne traumhaft, voll lichter Magie; sie blühte wie aus Lilienkelchen hervor. Eine silbrige, sphärische Welt, gemacht aus der Bläue des Himmels, der Bläue des Meers und dem dunkleren Blauhauch der Inseln.

Die griechische Landschaft ruht ganz auf dem Blau. Blau sind Gebirge, Wasser und Himmel, und das ist in Griechenland alles. Also, wer blau liebt, ist hier am richtigen Platz.

Blau ist die Seele der Farben. Zwei von den vier Elementen sind blau: die Luft und das Wasser; es sind, im Vergleiche zum Feuer, dem Geist, und zur dunklen, nährenden Erde die kühleren, flüchtigen, seelenhafteren Stoffe der Welt. Blau ist die Sehnsucht, die Ferne; wir hoffen und vertrauen auf blau; blau ist, was wir niemals erreichen, blau steht am Ausgang der Welt.
Blau ist unsere reinste Gegenbewegung; es ist unser Hinüberlangen und -bangen. Deshalb ist schmerzliches Ziehen im Blau, es findet kein Ziel und kein Ende.
Die Antwort der Erde auf die Sonne ist blau: Meer, Himmel und Ferne. So erst wird Feuer zur Helle. Licht ohne das Blaue: wie das ist, das zeigen die Mond- und die Stratosphärenaufnahmen. Also, was wäre das Licht ohne der Erde Sehnsuchtsverlangen? Ein Ruf, der im Weltraum verhallt.
Dem Blau erfanden die Griechen einen eigenen Gott: Glaukos Pontios, den Gott der Meerbläue.

Über Delphoi führt ein Bergpfad zu den Höhen des Parnasses hinauf. Jeder Schritt schenkt mehr Landschaft. Wer käme und sähe es nicht, daß es die allerschönste, die religiöseste von ganz Griechenland ist.

Morgenwind hob sich und wischte die Wärme der Nacht weg. Wind und Licht stürmten zusammen über das Land. Wie jung manchmal die Welt ist, wie verheißend; doch das ist ja dasselbe. Hundert Berge in edelsteinernem Blau, wie geschmiedet, getrieben, dünn, klingend und leicht.

Es zeigte sich, daß er ein Künstler war. Ach, wie spielte er schön in den Abend hinein. Ich glaube, eine ganze Stunde hindurch. In drei Lagen konnte er spielen; ganz hohe, überirdische Flageolettöne und außer der mittleren Lage noch einen kunstvollen Baß, zu dem er den Mund närrisch breitzog. Er spielte ein Tragudi nach dem andern, lauter kurze Lieder. Immer wenn eines zu Ende war, hielt er den Kopf schräg in den Abendhimmel hinein und zog sich was Neues herbei. Es waren hüpfende, zitternde Weisen, im Siebenachteltakt, wie ihn die Alten gehabt haben sollen; es klang weder traurig noch heiter, Traurigkeit ohne Verzweiflung und Munterkeit mit einem Schleier von Schwermut davor.

Immer hat mich das Steigen von Schalheit und Lebensmißmut befreit. Ich weiß wenig, was seliger stärkt als zu steigen, während Berg- und Meerwind das Blut heller machen und das Orgelbrausen allumströmenden Lichts einen durchglüht.

Dies ewige Steigen in Abend und Morgen und im glühenden Tag ist eines Bergvolks Mühe und Glück. Es ist eine ewige Erhebung, ein unablässiges Sich-Steigern über sich selber hinaus. Es ist der Sprung über sich selbst, den Hellas die Menschheit gelehrt.

Der Aufstieg zum Ida unterschätzt sich infolge der milden Formen des Berges. Einen eigentlichen Weg gibt es von dieser Seite aus nicht, nur eine Folge von nachts kaum kenntlichen Ziegenpfaden. Gleich zu Beginn zählte der Hirt die Quellen auf, die wir treffen würden, samt ihrer Güte und Kälte; wir konnten uns also einrichten. Übrigens war er unermüdlich, uns zu unterhalten und allerlei Merkwürdiges aus seinem Revier zu erzählen, das er bis in den letzten Winkel kannte: Höhlen, in denen er oft geschlafen, den Namen einer jeden Flur und allerlei Bäume und Pflanzen, die er zu loben oder zu schmähen wußte. Er war stolz auf sein Gebirge und liebte es aus vollem Hirtenherzen, und nach einer längeren Ruhmesrede auf seinen Psiloritis, so nennen sie jetzt den Ida, zog er den Schluß: hier sei es am besten und schönsten auf der ganzen Welt – als ob er sie kennte! – hier fänden die Schafe das ihre, hier schmecke das Essen und hier schlafe ein jeder gut.

Der runde Mond rollte uns gegenüber am Himmel hin und sein Licht fiel voll auf den Hang. Bäume, Felsen und unsere Wandergestalten warfen scharfe Schatten. Der Berge wurden, je höher wir stiegen, mehr, immer mehr, und immer sehnsüchtiger und weiter erschienen die samtblauen Säume der schwingenden Höhen. Der Tageswind hatte sich gelegt. Seidene Ruhe lag in den lichtlosen Tälern: Schleier der Nacht. Von da und von dort, unbestimmbar woher, aber da in der Welt, scholl der leise Sang der Grillen, der die Stille erst hörbar macht, ein silbernes Lot, das ihre Tiefe ermißt. Zuweilen drang Hundegebell aus den Gründen oder ein Eseljammergeschrei.

Nun wir höher kamen, erschien auch im Süden der Insel das Meer. Im spielenden Scheine des Monds war seine fernlichte Verheißung ein Wunder die ganze Nacht: magische Silberkreise, gemalte Zauberinseln und Ströme in flüssigem Glanz.

Da wir steil emporklommen, schienen die Wege, die wir im voraus nicht sahen, geradewegs in den Himmel zu führen: Wir stiegen in Sterne hinein.

Mit einem Mal, es war wohl gegen ein Uhr, ragte dicht vor uns eine Gestalt aus dem Dunkel. Es war ein Hirt. Auf seinen Stock gestützt, stand er auf einer Felsenplatte, reglos, und schaute vor sich in die Nacht und auf uns herab. Unser kleiner Führer und er begrüßten sich und sprachen allerlei, das ich nicht ganz verstand. In den Mondnächten, so belehrte der Junge uns dann, ist es unmöglich, die Schafe im Pferch zu halten, sei es, weil ihr Verstand nicht hinreicht, eine Vollmondnacht vom Tage zu unterscheiden, sei es, weil sie nicht einsehen können, daß jemand schlafen soll, wenn er auch fressen kann. Jedenfalls laufen sie aus, überziehen weidend den Hang und beleben den stumpfblauen Dämmer der Nacht mit den weißlichen Tupfen ihres Gewölls.

Traumverloren erscholl das Klingklang der zahllosen Glokken.

Mir war es neu und mir war es lieb, Bild und Klang dieser mondschwärmenden Schafe an den Hängen des heiligen Berges Ida.

Als wir nahe dem Gipfel waren, ging im Osten die Sonne auf. Langsam gebar sich die Welt aus dem Blauen der Nacht.
Rotes quoll aus dem Osten, ein sengender Brand. Ströme von Licht zerteilten die Welt. Die befehlende Gebärde des erscheinenden Tags wies allem den Platz und gebührenden Rang. Die Ebenen schleuderte es in die Tiefe, die Meere in die unendlichen Fernen, die Berge riß es empor in die gottbehausten Bereiche. Was vordem im Schoßdunkel der Nacht ein heimliches Ganzes war, nun ward es geschieden.
Das war die Ordnung des Zeus, die Teilung der Welt, die sich täglich von neuem vollzieht. Es war die Setzung der Maße, Geburt ins Klare hinein, der Aufgang der griechischen Welt. Hier stand ich am Throne des Lichts.
Im Ereignis des werdenden Tags glaubte ich die Erscheinung des Zeus zu erfahren, des Gottes vom Ida, der ein anderer ist als der regierende Vater der Götter und Menschen. Er ist der Junge, der Strahler, der Bringer, der Held; der Stifter der Welt, die wir träumen: der lichten, der klaren, olympischen, griechischen Welt. Er, dessen Name den Lichtglanz des Himmels bedeutet, nicht nur die Sonne, sondern den allüberlaufenden Schimmer des Lichts, das Helle schlechthin und das Glanzgewölb: dies war sein Morgen, sein Tag, seine Stunde.

Solang ich in der Nähe von Gortyn war, ich hauste auf dem Staatsgut von Ambelusos, stieg ich des Abends oft auf die Höhen, die die Messara begrenzen. Ich habe es nie bereut, wenn ich droben war. Nie hab ich ein Land in so altem geläutertem Golde gesehn wie die Messara von dort, wenn die Sonne ins ferne Meer bei Timbakion fiel. Die kleine Insel schwamm draußen im goldenen Meer, die Ida-Berge standen im Stahl, und von draußen schoß es Blitze von Gold übers Tal, schräge Blitze von Altgold aus Wolken über die rötliche, bräunliche Erde.

Ich habe nur einmal vorher eine ähnliche Landschaft gesehen, aber es war eine gemalte, von Claude Lorrain, ein Hafen im Abendlicht: es war genau das Goldüberstäubte, ein altgoldblinkender Schatz unter Spinnwebenhauch, der ihn noch kostbarer machte, und Goldstaub erfüllte den ganzen Abend, die ganze Welt. Bräunliches Gold, schlafendes Gold wie Klang tiefer Geigen.

Nur das dunkle, stumpfe Grün der Olivenhaine hielt sich neben dem Gold und war gleich edel und wert, der köstliche Teppich. Das lautlose Flüstergespräch des Ölbaumgefieders war, als spräche es Verse im Abend. Denn jeder Baum hat sein Eignes: die Linde das Lied, der Tannenwald den Choral, aber beim Ölbaum sind es leichtfüßig hüpfende Verse.

So lag denn das Land von Gortyn unten im Tal, und während ich abstieg, versank es weiter im Dämmer. Nur ein paar schwarzhohe Zypressen über den römischen Mauern. Der Ölwald hatte das einzelne in seine Gewebe genäht, und so war's mir auch lieber. Die Wissenschaft fördert viel, was sie überschätzt, und weiß viel, was nicht wert ist, gewußt zu werden. Was nicht ins Erlebbare mündet, mag drunten bleiben im Boden. Ich bedauere es wie viele, daß sich die Wissenschaft den frei geäußerten Strom der Bewunderung und das flammende Gefühl verbot, wie es zu Winckelmanns Zeiten noch üblich war. Kommt es daher, daß das letzte Jahrhundert, das in Ausgrabung und Forschung so glücklich war, so wenig neues Erlebnis herzugebracht hat? Wie mächtig war früher Dichtung und bildende Kunst vom Altertume bewegt, und wie waren die Sagen der Götter allen vertraut, so daß die Geschichten der Bilder allen geläufig waren, die jetzt in den Galerien lang nicht mehr allen Gebildeten verständlich sind.

Hier wollt ich verweilen, lange, nichts vorhabende Stunden, ausgeschlafen, um mit Bedacht gar nichts zu tun, nur einen Morgen an diesem verzauberten Ort zu verbringen. Die Erfahrung hat mich gelehrt: man war an allen Orten nur halb, wo man nur die geheimnislosen Strecken des Tages verbrachte. Es ist nötig, die sich neigenden Abendstunden zu haben, eine schlaflose, prangende Weile der Nacht und den beginnenden Tag. Wenn die Dinge am Abend ihr Müdes und am Morgen ihr Unerfahrenes zeigen, ist es notwendig dazusein.

Armes Griechenland! Wenn der Traum nicht wäre, den wir von dir so wahr und deutlich geträumt haben, daß wir nun ausgehen müssen, ihn in der Wirklichkeit zu suchen, so würden wir es vielleicht auch nicht erjagen, dich zu lieben. Dich: in deiner Armut, in der dorrenden Hitze deiner sengenden Sommer und in der Feuchte deiner wehrlosen Winter, dich: in der lähmenden Mattigkeit deiner Menschen und all dem Treibenlassen, das einen selber lähmt und bedrückt, wo ringsum nicht Taten geschehen. Aber vielleicht ist es dein Geheimnis, daß du dich nicht von allen lieben lässest und daß du die Eindringlinge neckst und äffst, die sich ein billiges Schönheitsbild von dir zurechtgemacht haben, ein glattes, und daß es dich freut, wie sie enttäuscht sind – sie, die erwarteten, paradiesische Auen zu finden und nun im Gestrüpp der Dornen hängenbleiben und über steinige Eselwege wandern müssen mit Mühe! Die nun umlernen müssen, daß es das Griechische ist: nicht in gehegten Rosenfeldern zu wandeln, sondern im Gebüsch eine verborgene Rose – eine wilde Rose! – zu finden, beglückt zu sein und sie zu preisen mit einem Lied.

Du schenkst dich nur denen, die dich mit glühender Liebe lieben, einer Liebe, die dem reinsten Bilde gleicht, das sie von dir im Herzen tragen. Nur denen, die den griechischen Blick besitzen, den vergrößernden, erhöhenden, trunkenen Liebesblick, den Blick in den goldenen Kelch, ohne den alle Schönheit ein klirrender, kaltherziger Zauber bleibt.

So liebe ich denn an dir auch noch die Enttäuschungen. Ich liebe deine steinigen, kümmerlichen Straßen und deine mühsamen, krummen Eselpfade und die ganze Dürftigkeit, in die du Aschenprinzessin dich verkleidest. Denn es ist die große Lehre, die du allen erteilst, die dich vordem nur in der ausgewählten Pracht deiner Kunstwerke kannten – gleichwie in abgeschnittenen und zurechtgebundenen Blumen –, und die nun erkennen, daß du Wildwuchs bist, daß deine Herrlichkeiten auf Dornenfluren wachsen und dein Köstlichstes auf harter, kargender Erde. Nicht leicht Sprossendes auf linder Aue! Nicht genährt von weichsamtener Scholle, nicht gehegt von Säuselwinden und rieselnden Wassern! Denkt jemand an Parke, an geschnittene Bäume, schattendes Dunkel, gepflegte Beete, marmorne Brunnen?

Nein, denkt, wenn ihr Griechenland denkt, an steinübersäte Bergfluren, die kahl sind, aber überhallt vom Lichtdonner gewölbter Tage, klarblauer Morgen, umsäumt vom violetten Dahinzug abendlicher Gebirge, und goldüberstäubte Täler im Oliven-Silbergeflüster.

Auf dem Dürren aber, dicht auf lechzender Erde, unter Steinen, fast ohne Blattwerk, prangt ein Silberdistelstern in Rosa-Weiße: ein Zartes, das voll Spröde und Härte ist, ein Wunder, das aus dem Kargen kommt und offenbart: Sieh, hier ist Griechenland!

Kunst, dieses rührend altmodische, archaische Handwerk, das mit Gewissenserforschung, also mit Buße verwandt ist. In der Zukunft, die anbrach, kommen die Künstler vor wie der Holzpflug, mit welchem der Bauer hier auf der Insel sein Feld ritzt: ein uralt komisches Fundstück. Er pflügt mit dem Ochsen sein Mangelfeld, wenngleich fröhlich, geschichtete Steinhütte, zwei Kinder. Sein Feld, das er niemals gedüngt hat, empfängt die dürftige Aussaat; die Touristenschwärme bewegen sich kaum hundert Meter von ihm. Ihre weißen Schiffe liegen auf Reede. Er und die Schwärme: durch eine halbhohe Mauer aus granitenen Blöcken und durch ein Jahrtausend getrennt, und nie ein gewechseltes Wort zwischen ihnen, kein Gruß, kein Blick, kein Verständnis.

Wenn es im Herbst zum Pflügen kommt, so ist es ein Holzpflug, mit dem der Bauer die sonnenharte Erde aufritzt; von Pflügen und umbrechenden Schollen kann nicht die Rede sein. Und damit er nicht zweimal über das Feld hinwegzugehen braucht, so wirft er schon vorher, mitten unter Disteln und Unkraut, hinein die Saat; so spart er die Arbeit der Egge. Wozu soviel Mühe, laßt es doch laufen wie's läuft!

Er ist zufrieden und denkt auf nichts besseres. Hier gibt es viel, sagt er, das Leben ist leicht. Denn er kommt aus den Bergen, wo alles viel schwerer ist.
So leben sie alle. Es ist nichts dagegen zu sagen: wenn sie es nicht anders wollen? Sie machen es sich nicht schwerer als nötig, sie haben nichts weiter im Leben vor und wollen nicht viel erreichen. Reich sein – ja; aber arbeiten, bloß um etwas zu schaffen? Das verstünde hier keiner.
Es sei denn, daß jemand des Glaubens ist, daß sich das Leben nur lohnt, wenn man es sich schwer macht: so ist wirklich nichts dagegen zu sagen.

Die Stunden vergingen, Stunden eines griechischen Tags. Die Menschen waren nicht laut und nicht derb und es war nichts Besonderes. Sie ließen den Tag durch die Finger rinnen im Reichtum der Zeit, den dort jeder besitzt. Sie hatten davon wohl gehört, daß es anderswo Menschen gibt, die keine Zeit haben: wie arm müssen die sein. Nicht einmal Zeit! Sie schwelgen in ihrer Fülle. Wer Zeit hat und zu schenken versteht, wie soll der nicht reich sein? Sie bringens am Ende nicht weniger weit als auf achtzig Jahre, wenns hoch kommt.

Man muß derlei Dinge richtig verstehn. Natürlich ist ein Grieche, wie man sprichwörtlich sagt, gern etwas unzuverlässig – oder auch nicht, wie man es nimmt. Zuverlässigkeit liegt eben manchmal auch darin, daß man sich auf etwas bestimmt nicht verlassen kann. Man muß es nur wissen. Es sind eben Odysseus-Enkel. Oft genug aber hat man Grund, das Maß der Menschlichkeit zu bewundern, an das sie sich gebunden fühlen.

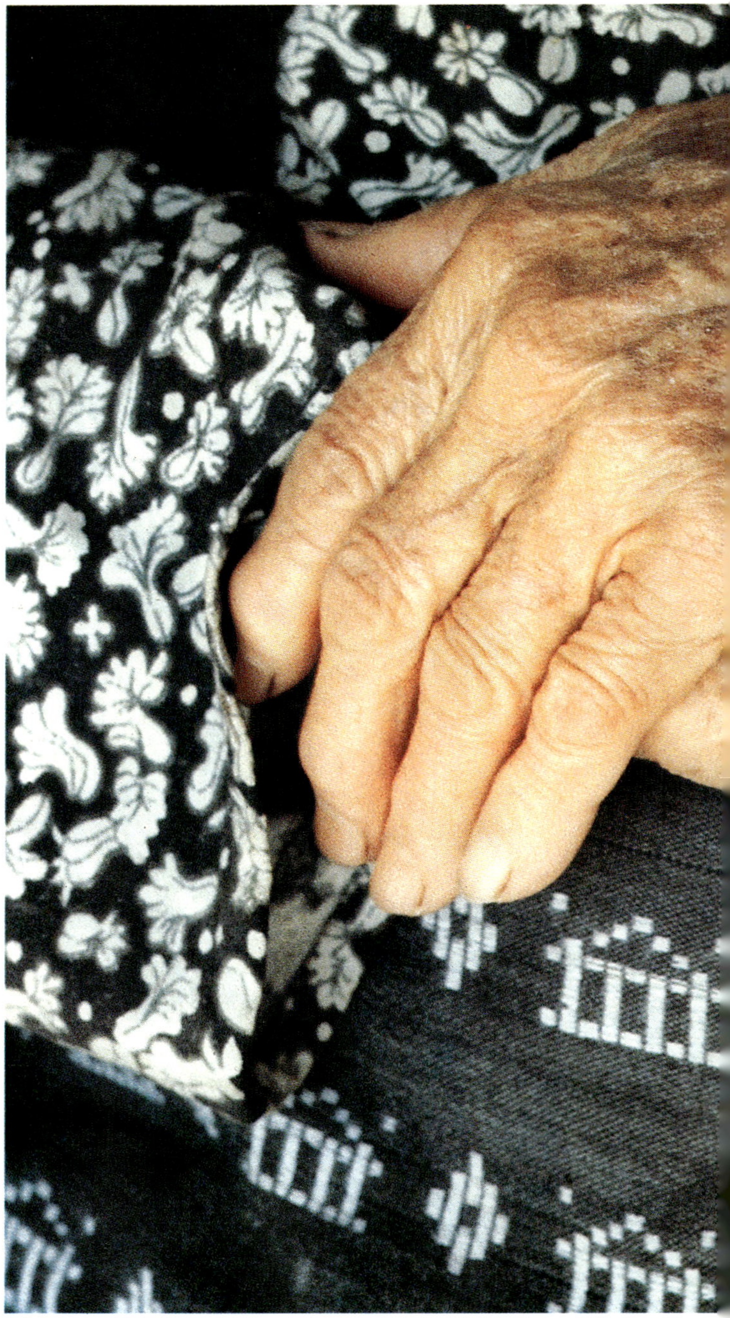

Vielleicht hängt man zu sehr am Vergangenen. Vielleicht lebt es sich besser, wenn man dem Gestern nicht so verbunden ist und wenn man auch nicht so sehr nach dem Morgen späht. Hier tut das niemand. Ans Gewesene und ans Künftige denken, das fällt in Griechenland keinem ein, nicht aufs kommende Jahr, nicht auf den kommenden Tag. Ich bin erst hier darauf gekommen, daß gar nicht sein muß, was uns im Norden ganz selbstverständlich dünkt: daß ein jeder sein Leben als Ganzes sieht, den Plan eines Lebens entlang lebt – einen Plan, den er hat, sei er klar oder nicht, aber er hegt ihn. Ein jeder will etwas vorwärts bringen und hat den Traum, etwas zu hinterlassen. Es ist gleich, wie weit er damit kommt oder nicht kommt; vielleicht erspart es ihm sein Geschick, seine jungen Träume zu geringeren Früchten zu bringen: aber er lebt sich zum Ziel.

Hier tut man das nicht. Hier ist die Stunde mehr als der Tag und der Tag mehr als das Jahr. Hier lebt jeder nur in dem Alter, in dem er gerade steht; wenn er dreißig ist, ist er nur dreißig, nichts liegt ihm ferner als der Gedanke an die Vierzig und Fünfzig, und wenn er alt ist, ist er nichts als des Alters Bild.

So lebt jeder, so lebt auch das Volk, ohne Gestern und Morgen. Es ist zum Lachen, daß der gesamte Erdkreis mit Leidenschaft an der Vergangenheit dieses kleinodigen Landes hängt, das Land selber aber im ganzen davon nichts weiß und nichts zu wissen begehrt. Es ist wie das Kind in der Wiege, das lacht und weint und nichts ahnt von der Sorge, die es tausendfältig umkreist.

Wem es gegeben ist, so unter der Sonne zu wandeln – es ist wohl ein gütiges Blindheitsgeschenk. Die Sorge ist wohl eine Qual. Aber ächzt nicht die Kelter, wenn ihr der Wein entquillt?

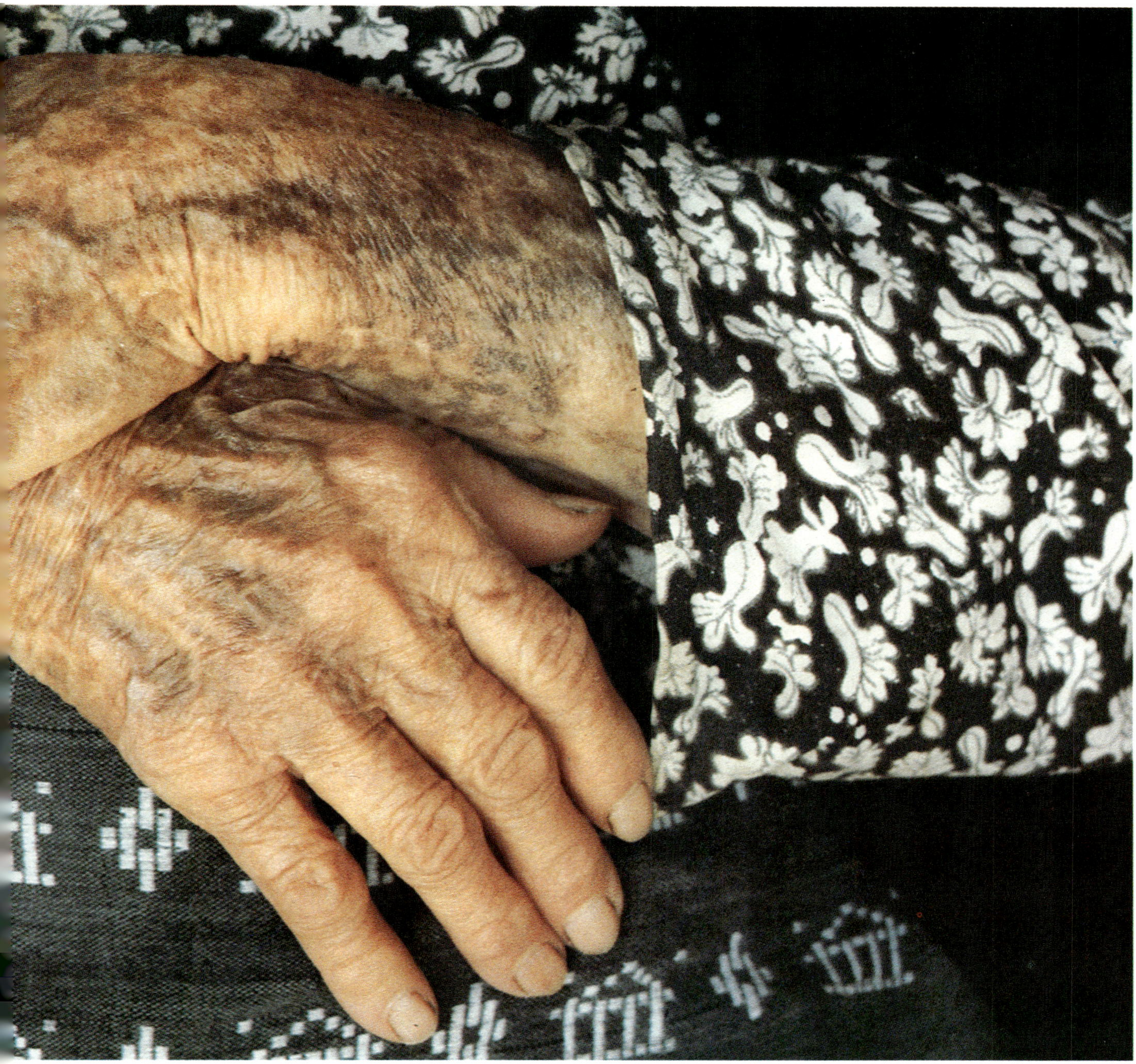

Die anatolischen Berge, in Zartheit genau, entfalteten sich blauduftend wie Blütenblätter jenseits des Meers. Ich hätte in dieser Stunde nicht sagen können, wo es schöner sein könnte auf der allweiten Welt.

Ein Ölbaum blühte. Solange ich nun schon in Griechenland war, ich besann mich nicht, einen blühenden Ölbaum gesehen zu haben. Er blüht nur sehr kurz, man muß es erhaschen, bald eilt er weiter zum Früchtebereiten, zum mühsamen Ziehen des Öls aus der Erde.

So bescheiden der Baum ist, so ist die Blüte. Nur kleine Perlchen sind es, und sie sind hinterm Silbergraugrün der einzelnen Blättchen verborgen, auch duften sie kaum, nur ganz leise, kaum zu eratmen, nur etwas Ruch nach Jugend und bitterer Klarheit. Jungfräulich, athenisch.

Die Blätter standen am Zweig schräg hinter einander wie Gefieder des Pfeils. Das einzelne Blatt ist wie eine Vogelfeder so groß. So trug es die Taube, das Ölblatt, als Friedensverheißung. Ich brach mir vom blühenden Baum einen Zweig.

Es gibt natürlich ebenso schöne Ölbäume in Italien und in der Provence; aber nur in Griechenland zeigt der Ölbaum sein Durchscheinendes an. Kann man den Platon lesen, ohne den Ölwald silbern schimmern zu sehen, der sich den Kephisos entlang über die Akademia hinzog? und sein Geflüster zu hören? Für dieselben Bäume am Kolonos sind die wunderbaren Sophokleischen Verse gedichtet. Denn das ist es doch: die Dichter haben ihn immer geliebt. Das hat sich natürlich auf seine Blätter und Zweige niedergeschlagen wie Tau, der nun abträuft: sichtbar, unsichtbar nur für die Blinden. Dergleichen ist doch wie der Schimmer, den Athene über ihre Lieblinge goß: da überschüttete sie mit Anmut Schulter und Haupt ihm.

Es war ein Bauer vom Dorf Plakalona, in kretischer Tracht, ein Mann vom Wuchs eines alten Baumes, mit strähnigem Weißhaar und hellblauen Augen. Wieviel Jahre hast du? fragte ich ihn. Achtzig.
Da hast du noch zwanzig. Er brummte zufrieden, hob aber mahnend den Finger zum Himmel und sprach: o Theos!

Er erzählte, auf seinem Felde habe sein Vater vor vielen Jahrzehnten zwei Marmorfiguren gefunden, riesig groß. Die Türken hätten sie fortgebracht mit dem Schiff.
Weißt du das, sagte er und blieb stehen, indem er seine Schwere mir zuwand: diese Menschen verehrten nicht Gott, er deutete wieder nach oben, sondern Steine.
Glaub ich nicht, sagte ich.
Sicher, gewiß. Steine. Deshalb hat sie Gott auch vertilgt.

Ich fragte mich durch und stand auf dem Kirchplatz.
Er war offen wie eine Bühne, ohne die vierte Wand. Ein kleines Gotteshüttlein inmitten, ein reizender Blick ins Tal, ringsum ein paar Höfe. Alles ist weiß getüncht, ohne deshalb gleich sauber zu sein. Denn die Tünche deckt nie, durchs Weiße kommt stets das Gemäuer hindurch, diese Blöcke und Steine vom Akker, aus denen die Häuser mehr geschichtet sind als gebaut, nah dem Verfall, wie es halt immer hier ist. Denn alles, was hier so entsteht und gemacht wird, die Häuser, Kapellen, die Brunnen, die Wege, hat eine nahe Verwandtschaft zum Ruin und die Sehnsucht, sich bald wieder aufzulösen. Ist etwas neu, so fällt es heraus und paßt noch nicht recht ins griechische Bild. Schnell läßt man's verfallen, dann ist es gut, so kann es nun bleiben. Denn da auch das Leben nur eine Improvisation ist, so sind es alle Dinge des Lebens erst recht.
Man liebt es wohl nicht, zu tun, als gebe es auf der Welt etwas, das wirklich Bestand hat. Der Trieb, etwas Neues und Festes zu machen, etwas, das dauert und hält und das man vererbt, etwas Gefügtes, das nicht nur da ist zum Verbrauch, etwas, das außer mir ist und redet und gilt als mein Werk und Besitz – das ist nun einmal dieses Landes nicht der Brauch. Man behilft sich. Es geht.

Ich kam an, schritt durch die Gassen der winzigen Stadt, durch weißes Gewinkel, bis dort, wo der Einschlupf ins Felsengemäuer des Klosterbaus war. Ich trat ein. Wie bei einer Festung war da ein wehrhaftes Tor, mit Pechnase sogar, und ein schräger Zwingeraufgang in beidseitigen Mauern.

Dann wurde es licht. Da war ein grausilberner Hof, nicht groß, ohne Regel; offenbar war von uralten bis in neuere Zeiten immer wieder dazugebaut worden. Nur wenig ausgeschnittenes himmlisches Blau war darüber gespannt, nur ein viereckiges Stück des seidenen Zelts.

Und doch war es der stärkste Kirchenraum, den ich je sah. Hier war das Licht in der Höhle, schoßhaft. Hier war die Einkehr gebaut.

Der Gottesdienst währte nicht lange; die geistlichen Übungen beschränken sich auf zwei halbe Stunden am Tag. Daran gemessen wird in abendländischen Klöstern sogar der Glaube zur Arbeit gemacht. Das wird hier nicht gewollt. Sie hatten sich die Maria von Bethanien, die den Schaffgeist verschmäht, zum Vorbild genommen; wir äußerten das, und ich glaube, wir gewannen dadurch. Weder Taten der Nächstenliebe an Unmündigen oder an Kranken, noch forschende Theologie: alles dies nicht. Nicht Gottesgelehrsamkeit, sondern Gottschau. Das Leben scheint nur den Sinn zu haben, ihm so viel Gewicht zu nehmen, daß es wesenlos wird. Kein Schmerz, keine Lust. Diese Klöster sind Inseln, aus Zeit und Leben genommen. Zeit wird gelöscht, indem man sie ganz und gar inhaltlos macht. Das ist für den tatenbesessenen abendländischen Sinn sicherlich schwer zu verstehen. Doch wird jeder zugeben, daß es eine tröstliche Vorstellung ist, in einer tätigen Welt solche Inseln zu wissen, Inseln verleugneter Zeit, wie Augen auf Flüssen.

Die Frage ist, ob man das Göttliche im Bilde, ob man das Ewige im Gleichnis anschauen könne. Die Bildergläubigen glauben, in den Bildern der Heiligen seien die Heiligen selber präsent, es sei etwas vom Urbild im Bild. Jedes Bild somit ein Fenster. Denn das Bild, so sagen sie, habe Verwandtschaft zum Urbild und das Urbild ziehe durch jenes. So wie das Bild der Geliebten, des Vaters, der Mutter auch ziehe und ziehe und schaffe Anwesenheit. Das Kind sagt ja auch vor dem Bild: »Das ist ja die Mutter!«, es sagt keineswegs, daß die Fotografie die Mutter bedeute oder daß eine Ähnlichkeit sei; vielmehr im Bild wird die Mutter, solang sie nicht da ist, geglaubt, beschenkt, beleidigt, gefährdet, geliebt. Im Bild ist sie da.
So geht die Bilderfrage in eines Jeden Leben hinein. Sind wir von Bildern, sind wir von Gleichnissen als von möglichen Fenstern umstellt? Sind wir es nicht? Der Grieche, und wer im Herzen ein Grieche ist, versichert: wir sind es.
Und fährt fort, seit Platon, zu glauben, daß das Bild ein Fenster in der Dunkelheit ist. Einen Sturz ins Bildlose hätte die griechische Seele als Verdammnis empfunden. Wie hätte sie sich mit dem Bildlosen abfinden können? Sowenig wie wir, wie man an den deutschen Worten Ereignis und sich ereignen ablesen kann: zwei Worten, die so viel für uns taten und die eraugen bedeuten, Widerfahrnis durchs Auge. Daß das Vergängliche Gleichnisrang hat, mit der Wahrheit lebt man. Und was soll eine Wahrheit, mit der man nicht lebt?

Wie es den Gläubigen zu Mute gewesen sein muß, als ihnen die Kaiser das Bilderwesen verboten (denn die Kaiser wollten das Göttliche selber darstellen, es war der uralte Gegensatz zwischen dem Stellvertreten und dem Unmittelbaren, zwischen dem Repräsentieren und der Präsenz, und die Kaiser verfolgten die Bilderfreunde so lange, bis eine Kaiserin kam: eine Frau, natürlich, da war alles gewonnen, eine Frau braucht die Bilder) – wie es also den Gläubigen, denen man das Bild rauben wollte, zu Mut war, können wir uns am ehesten denken, wenn wir uns vorstellen, es verbiete jemand um Gottes willen Musik. Denn Musik ist für uns das Fensterhafte an sich. Musik ist Licht durch die Fenster.

Seltsam, daß so etwas zweifelhaft war. Wo doch die Botschaft sich selber in Bildern darbot. Lamm, Hirte, Weinstock und Reben, und das Wasser des Lebens, das Licht und die Tür und der Weg und der Vater im Himmel. Lauter Bilder und Fenster. In jedem dieser Gleichnisworte ist Irdisches zu einem Fenster geworden. Das Lamm: die Ikone aller Ikonen.
So tritt der Gute Hirt lang vor den frühesten Christusbildern in den Katakomben als Christusbild auf. Der Gute Hirt ist das Christusbild der ersten paar hundert Jahre. Im Bild eines Bildes also, gemalt und im Gleichnis, wird der Heiland gemeint.
Die Katakombenmaler sind auf der richtigen Spur. Sie wissen: Wahrheit will wohnen. Und sie kann nicht anders wohnen als im Bild, im Wort, im Gedicht.

ΑΓΙΟΣ ΓΕΡΑΣΙΜΟ

Wenn das Bild den Gott darstellen darf, so muß freilich das Leibliche hohe Kraft in sich haben. Im Bild ruht der Glaube an heil gebliebene Natur.

Alle Bilder sind Kinder des Eros: oder will einer leugnen, daß des Eros Welt eine Bilderwelt ist? Bild ist immer Verzauberung, immer Beschwörung, Bild ist immer Magie. Magie heißt, die innewohnende Kraft aus dem Natürlichen holen, Magie heißt, Bilder verstehen. Es ist nicht zu leugnen, wenngleich es die Theologie im allgemeinen glatt unterschlägt, daß die Ersten, die Christus erkannten und anbeteten, Magier waren, anstößigerweise ausdrücklich Magier genannt: helläugige Zeichenversteher, Aufmerker, Seher, Leser und Deuter von Bildern.
Wenn man der Offenbarungskraft der Schöpfung vertraut, muß man auf das Bild kommen; Bild ist: ein Ding der Schöpfung als Zeichen erkannt. Bild heißt: der Schatz des Zeichenhaften gehoben, der jedem Dinge der Schöpfung einwohnt. Abbilden heißt Schatzheben.

Wiederkehr schafft kleine Lust. Und immer erhöhte; Goldstück legt sich auf Goldstück, ein Turm, eine Rolle, so wird wiederholtes Glück immer höher und höher das ganze Leben entlang. Neben dem Drang, die Welt zu gewinnen, liegt ein eingeborener Drang, immer Selbes aus uralten Formen zu prägen. In Riten fühlt die Seele sich wohl. Das sind ihre festen Gehäuse. Hier läßt es sich wohnen, in den dämmerigen Räumen, die das Liturgische schafft. Hier stehn die gefüllten Näpfe bereit, die Opferschalen der Seele. Hier fährt sie aus, fährt sie ein; gewohnte Gaben, gewohntes Mahl. Der Kopf will das Neue, das Herz will immer dasselbe.

IN.B.I.

Damals, während des Kriegs, hing ich sehr an des Epimenides Geschichte, der aus Kreta stammte und dann hier in Attika war, ein Halbgott oder ein Siebenweiser, ich weiß nicht genau. Als er noch klein war, brachte ers fertig, siebenundfünfzig Jahre hintereinander zu schlafen, ein gut zu habendes Kind. Sein Vater schickte ihn morgens mit den Ziegen hinaus, dann war nichts wieder von ihm zu sehen. Er hatte sich in seinem Lieblingshöhlchen schlafen gelegt, Mittagsglut, Ziegengebimmel; es war Abend, als er wieder erwachte. Er kam sich gleich so ausgeruht vor, ging hinunter ins Dorf und traf seinen Bruder als alten Mann. Da wurde er weise.

Seinerzeit versann ich mich geradezu in diese Geschichte; es kam mir höchst wünschenswert vor, Zeit zu verschlafen und erst im Frieden wieder zu mir zu kommen. Jetzt, wo es besser geht, nicht mehr so. Doch bleibt, daß es unser allgemeines Anliegen ist, Zeit auszusetzen. Wir fallen mit Lust in die tiefschwarzen Schächte des Schlafs und loben die Zeit, von der wir nichts wissen, als daß wir sie träumend hingebracht haben; wir beklagen uns laut, wenn uns eine Nacht lang die Krankheit des Zeitgefühles nicht mied. Also verdienen alle die Vorgänge unsere Aufmerksamkeit, mit deren Hilfe wir Zeit löschen: nicht vertreiben natürlich, nicht übergehen, sondern wirklich auslöschen. Es sind die Momente des großen Glücks und Unglücks, die sich da melden. So löscht die Liebe die Zeit. Liebesentzükkung ist Ausstieg aus Zeit. Es ist unser tiefes Paradoxon, daß sich gerade aus diesem Ausstieg junges Leben erzeugt: also neuer Vorrat an Zeit. Jede Versenkung ist Ausstieg aus Zeit; Traum, Rausch und Lied löschen Zeit. Das Gespräch entmachtet die Zeit. Sturz in die Landschaft: reine Entzückung, Verlöschen der Zeit. Dann ist es, als ob das verhaßte Zahnrad nicht griffe. Wir sind abgelöst, Zeit muß sich drehen, ohne Macht an uns auslassen zu können.

Ich stieg noch einmal zu der kleinen Spitze hinauf. Ein Fischerboot sandte von weither sein Licht. Im Mondschein das Tälchen; nun ganz erbleicht die weiße Kapelle am Meer.

Die Zeit ist das Leere an sich. ›Als die Zeit erfüllet war‹ kann nicht heißen, daß sich genügend Zeit aufgesummt hatte oder daß Zeit reif war wie für Äpfel, sondern daß Fülle einbrach. In die Leere der Zeit brach Pleroma, die Fülle, herab. Zeit ist also das Leere; wenn sie Gefäß ist, muß sie das sein. So gesehen ist es absurd, daß man mehrmals am Tage Zeit mißt. Ja, manche Leute tragen ständig ein Uhrwerk mit sich herum, um immer das Leere zu messen. Sie sollten die Zeit an der Fülle messen, mit deren Hilfe ihnen Zeit zu löschen gelang. Das gäbe andere Uhren. Es ist eine der Unsinnigkeiten, aus denen wir leben, daß wir Zeit zwar mit Lust tilgen, wenn es aber daran geht, das Zeitliche ganz zu verlassen, und das ist doch die größte Chance zum Löschen von Zeit, gebärden wir uns wie die Kinder, die nicht zu Bett gehen wollen. Man muß doch geradezu auf den Gedanken verfallen, daß Zeit uns gewährt ist, damit wir sie löschen. Immer ein wenig gelöscht heißt vorwärts gekommen. Der Vorrat an Zeit, der durch die Schöpfung entstand, muß kleinweis abgedient werden. Ein schlechtes Leben, das nicht viel Zeit gelöscht hat; das schlechteste, das keine Zeit hatte, welche zu löschen.

Der Mond, wie es seine Art und Aufgabe ist, spann eine Glitzerstraße über das Meer; er wob sie aus zehntausend Wellchen unaufhörlich zusammen, in jedem Augenblick neu.

Dabei rechnet jeder sein Leben doch nur nach den Momenten, in denen ihm die echte Zeitüberwindung gelang, seien es nun die Liebesstunden oder die Katastrophen seines Lebens gewesen. Das ist so, wie wenn wir früher die große Schultafel löschten: welches Vergnügen, das Schwemmen und Löschen, welche Wohltat die Schwärze: sie kam ohne Zweifel von Gott. Denn die Tafel muß leer sein, wenn Gott etwas daraufschreiben soll. So hat das Kind ein königliches Verhältnis zur Zeit, nämlich keins, wenn es spielt. Das ist es, was wir an der Kindheit bewundern: Ausstieg aus Zeit, Paradies. Das Kind ist verdienstloser Sieger, ein Sieger im Gnadenzustand. Sein Sieg ist, niemals zu Ende zu preisen, denn wo gibt es das noch, sein Sieg ist ein schuldloser Sieg.

Über die Zeit nachdenken kann man nur als Christ, ob man es weiß oder nicht; als Christ oder gar nicht. Man ist Christ, ob man es weiß oder nicht, wenn einem Zeit fragwürdig und, einmal eingefangen, das Fragwürdigste vom Fragwürdigen wird. Wenn »Zeit« der modernen Physik dasselbe wie »Raum« ist: wie nah rückt dann die augustinische Einsicht herbei, daß Raum, Zeit und das darin befangene Ich nur verschiedene Begriffe für ein und dasselbe sind: für eine Trennung von der Kraft und der Herrlichkeit und der Fülle. Ohne zu wissen, wir seien auf dem Millionenstäubchen einer platzenden Granate zuhaus, wie Einstein nun lehrte, also ohne den zweifelhaften Aufwand der modernen Physik, haben alte Zeiten die Wendung gefunden: Ruhen in Gott: Meerstille, glanzvolle Stille. Eherner Himmel darüber. Nun, da sich das Zeitliche auch physikalisch als die Unruhe aller Unruhen erweist, kommt die Wissenschaft darauf zurück. Viel Neues wars also eigentlich nicht, was sie in vierhundertjähriger Anstrengung sich vorzutragen anschickte. Auch wurde es früher schöner gesagt.

Was auch könnten wir besseres tun, wir, in unserer Lage, als sämtliche Reimworte auf Gott hinzuschreiben und den Endreim offen zu lassen?

Ich habe erfahren, daß Schönheit am meisten ergreift, wenn sie nur eine Verheißung ist, wenn sie ritzt wie ein kleiner Schmerz. Wenn noch Durst mit dabei ist. Griechenlands Schönheit ist feinstes Glas. Sein Singeton mahnt, es nicht zu zerbrechen.

Erhart Kästner, geboren am 13.3.1904 in Augsburg, gestorben am 3.2.1974 in Staufen. Er studierte in Leipzig, Freiburg und Kiel, wurde 1927 Bibliothekar an der Landesbibliothek im Japanischen Palais zu Dresden und dort Leiter der Handschriften-Sammlung und der Sammlung bibliophiler Kostbarkeiten. Von 1936 bis 1938 war er Sekretär bei Gerhart Hauptmann. Nach sieben Jahren Krieg und Kriegsgefangenschaft wurde er als Direktor der Herzog-August-Bibliothek zu Wolfenbüttel berufen, der berühmten Bibliothek von Leibniz und Lessing. Er leitete sie achtzehn Jahre lang.

Erhart Kästners Werke im Insel Verlag: Zeltbuch von Tumilad (1949), Ölberge, Weinberge. Ein Griechenlandbuch (1953), Die Stundentrommel vom heiligen Berg Athos (1956), Die Lerchenschule. Aufzeichnungen von der Insel Delos (1964), Aufstand der Dinge. Byzantinische Aufzeichnungen (1973), Kreta (1975), Griechische Inseln (1975) sowie Erhart Kästner. Leben und Werk in Daten und Bildern. Hrsg. v. Anita u. Reingart Kästner (1980). Diese Ausgaben liegen der vorliegenden Textauswahl zugrunde. Im Suhrkamp Verlag erschien: Offener Brief an die Königin von Griechenland. Beschreibungen, Bewunderungen (1973), Der Hund in der Sonne. Miniaturen aus dem Nachlaß. Herausgegeben von Heinrich Gremmels (1975).

Verzeichnis der Textquellen



Der Abdruck dieser Texte von Erhart Kästner erfolgt mit freundlicher Genehmigung des Insel Verlags Frankfurt am Main.

Ewald Stark, geb. am 18.5.1933, ist von Beruf Lehrer. Seit 1966 unterrichtet er am Pädagogischen Fachseminar Stuttgart u.a. Bildende Kunst und Fotografie. Von 1970 bis 1976 war er Lehrbeauftragter für Fotografie an der PH Esslingen. Seine fotografische Arbeit wurde durch mehrere nationale und internationale Auszeichnungen gewürdigt. Mit dem Thema »Griechenland« beschäftigt er sich intensiv seit 15 Jahren. – Ewald Stark bebilderte die großen Meditations-Bände des Quell Verlags von Johannes Kuhn, Horst Keil, Kurt Rommel und Martin Luther.

# Bildmeditationen in Farbe mit Fotos von Ewald Stark

Kurt Rommel/
Ewald Stark

**Ihr seid das Licht der Welt**

Bildmeditationen zur Bergpredigt
64 Seiten mit 30 ganzseitigen Farbfotos.
Fest gebunden.
Mehrfarbiger Überzug.

**Martin Luther Lebensworte**

Ausgewählt von Johannes Hanselmann und Peter Helbich
64 Seiten mit 30 ganzseitigen Farbfotos von Ewald Stark.
Fest gebunden.
Mehrfarbiger Überzug.

Diese Bildmeditationen zur Bergpredigt gehen vom vollständigen Text der Bergpredigt aus und bieten zu jedem Abschnitt eine Auslegung von Kurt Rommel. Durch moderne ganzseitige Farbfotos von Ewald Stark gewinnt das Buch zusätzlich Aktualität und Offenheit.
Die Kombination von Bibeltext, Auslegung und Situationsfoto zeigt spannungsreiche Bezüge der Bergpredigt zu unserem Leben auf. Wir begegnen der Bergpredigt als dem authentischen Aufruf Jesu, ihm nachzufolgen. Die Lehre Jesu in der Bergpredigt ist von ursprünglicher und fesselnder Lebendigkeit und bleibt eine Herausforderung. Sie trifft und bewegt bis heute das Denken und Handeln der Menschen.

In diesem Buch begegnet uns der große Reformator Martin Luther als Seelsorger, als Kenner des menschlichen Herzens und als Liebhaber des Lebens. Als »Lebensworte« sind rund 30 Themen aus seinem Werk ausgewählt. Sie reichen von »Arbeit« bis »Zukunft« und schließen Gedanken über Liebe und Glück, Ehe und Kinder, Angst und Freude, Hoffnung und Leid ein.
Texte der Bibel nennen das Leitmotiv. Ihnen sind die Lebensworte Martin Luthers als Einsichten und Erfahrungen zugeordnet. Aussagekräftige Fotos in Farbe verweisen beispielhaft auf Situationen, in denen die Lebensworte Martin Luthers heute helfen.

QUELL VERLAG STUTTGART

# Bildmeditationen in Farbe mit Fotos von Ewald Stark

Horst Keil

**Barmherzig sein – gesegnet leben**

Bilder und Betrachtungen
64 Seiten mit 16 ganzseitigen Farbfotos von Ewald Stark
Fest gebunden.
Mehrfarbiger Überzug.

Johannes Kuhn

**Von allen Seiten umgibst du mich . . .**

Bildmeditationen zu Psalmen
80 Seiten mit 34 zumeist farbigen Fotos.
Fest gebunden.
Mehrfarbiger Überzug.

Dieser Foto-Text-Band hat die »Werke der Barmherzigkeit« zum Thema, wie sie uns am eindrücklichsten im Gleichnis vom Weltgericht begegnen. Horst Keil fragt: Wie speise ich Hungrige? Wie beherberge ich Fremde? Wie rate ich Zweifelnden? Wie tröste ich Trauernde?
Die Meditationen leiten zum persönlichen Nachdenken und zu eigenen Schritten an. Sie werden weitergeführt durch Gebete und Gedanken, Kurzgeschichten und Gleichnisse aus Europa und aus Völkern der Dritten Welt.

»Neben ganzseitigen, aussagekräftigen Farbfotos stehen Psalmworte, durch ein differenzierendes Schriftbild von den nachfolgenden erläuternden Meditationen abgesetzt. Aus dem Miteinander von Bild, Bibelwort und Meditationstext entstehen eindrucksvolle Glaubensaussagen. Nachdenkliche Leser sind aufgefordert, eigene Erfahrungen in die nur angerissenen Gedankengänge einzubeziehen, Klare, kurze, eingängige Sätze in den behutsam und zurückhaltend formulierten Meditationstexten, die ohne missionarischen Eifer oder dünkelhafte Frömmelei auskommmen. Ein überzeugender Band, in dem biblische Unterweisung extrem lebensbezogen gesehen wird.«

*ekz-Informationen*

QUELL VERLAG STUTTGART

## DAS SCHÖNE ALS ZIEL

Dieser Band ist ausschließlich der künstlerisch orientierten Farbfotografie gewidmet. Er wendet sich an alle, die »Fotografieren ein wenig glücklich macht« und die Anregungen für die Gestaltung von Fotos mit hohem ästhetischem Anspruch suchen. Für Ewald Stark ist Fotografie Glückserlebnis und Quelle lustbetonter Empfindungen.
Im Mittelpunkt seines Buches stehen daher Fragen wie: Welche Fotos sind dem Auge angenehm? Was ist weshalb schön? Wie fotografiert man welche Motive gut? Der neuartige Ansatz des Bandes besteht darin, daß diese Fragen mit Hilfe der von der Gestalt- und Wahrnehmungspsychologie erarbeiteten Sehgesetzlichkeiten objektiv beantwortet werden. Seinen exzellenten Farbfotobeispielen stellt der Autor eine Vielzahl von Zitaten bildender Künstler und Dichter gegenüber, die andererseits ein unbewußtes und subjektives Empfinden belegen. Mit diesem hervorragend ausgestatteten Bildband, der zugleich eine Psychologie des Sehens ist, erschließen sich neue Dimensionen der fotografischen Gestaltung.

(4122) Von Ewald Stark,
208 Seiten, 252 Farbfotografien,
63 Zeichnungen, DM 78,–

Preisstand: 1.9.1985. Änderungen vorbehalten.

FALKEN VERLAG

**Der Spezialist für nützliche Bücher**

**Falken-Verlag GmbH, Postfach 1120, D-6272 Niedernhausen/Ts.**